BEI GRIN MACHT SICH IHR
WISSEN BEZAHLT

- Wir veröffentlichen Ihre Hausarbeit,
  Bachelor- und Masterarbeit

- Ihr eigenes eBook und Buch -
  weltweit in allen wichtigen Shops

- Verdienen Sie an jedem Verkauf

Jetzt bei www.GRIN.com hochladen
und kostenlos publizieren

Bibliografische Information der Deutschen Nationalbibliothek:

Die Deutsche Bibliothek verzeichnet diese Publikation in der Deutschen National-
bibliografie; detaillierte bibliografische Daten sind im Internet über http://dnb.d-
nb.de/ abrufbar.

Impressum:

Copyright © 2019 GRIN Verlag
Druck und Bindung: Books on Demand GmbH, Norderstedt Germany
ISBN: 9783346050762

Dieses Buch bei GRIN:

https://www.grin.com/document/504640

Martin Tobias Schmitt

Umwelt- und Klimaflucht. Gesetzgebung und Reformde-batten der EU zur Migrationssteuerung

GRIN Verlag

Klimaflüchtlinge und Umweltmigrant_innen

Der Klimawandel-Migrations-Nexus im Kontext aktueller
EU Gesetzgebung und Reformdebatten

Inhaltsverzeichnis

1. Einleitung

"Climate change is even one of the root causes of a new migration phenomenon.
Climate refugees will become a new challenge – if we do not act swiftly."
Jean-Claude Juncker (2015: online)

Spätestens seit dem El-Hinnawi-Report des UN Umweltprogramms von 1985 (vgl. El-Hinnawi 1985) ist der Term „Environmental Refugee" (vgl. ebd.: 4) in den Fokus des öffentlichen und politischen Diskurses gerückt. Seitdem wird er unter diversen Aspekten und von verschiedenen Positionen aus diskutiert und es wird über Zusammenhänge, Zahlen und Konsequenzen gestritten (vgl. Bates 2002; Duong 2010; Faist und Schade 2013; Giovanni 2013; Jakobeit und Methmann 2012; McAdam 2012; McAdam 2016; Piguet, Pécoud, de Guchteneire 2011; Zetter, Boano, Morris 2008; Zetter 2017; u. a. m.). Auch der European Parliamentary Research Service hat sich 2018 und in einer neueren Version 2019 an eine Definition des Terms gewagt (vgl. Apap 2019). Darüber hinaus wird im UN Migrationspakt explizit Bezug auf Menschen genommen, die klimabedingt oder aufgrund von Naturkatastrophen ihr Heimatland verlassen (müssen) (vgl. UN General Assembly 2019: 10). Außerdem ist die Debatte im Hinblick auf die Internationalen Klimaproteste, allen voran die *Fridays for Future*-Bewegung, von drängender Aktualität (vgl. Vorsamer 2019: online).

Aufgrund der multiplen Faktoren die eine Flucht und jede andere Art der Migration allerdings bedingen, herrscht bis heute kein Konsens darüber, welche Personengruppen nun eigentlich als „Environmental Refugees" gezählt werden sollen und welche nicht (vgl. Mayer 2016: 10f.). Einigkeit besteht jedoch in der Tatsache, dass Klimawandel stattfindet, dass er vom Menschen beeinflusst ist und dass, je nach Definition und Einschätzung, wenige oder hunderte Millionen Menschen direkt oder indirekt von dessen Auswirkungen betroffen sein werden (vgl. u. A. Mayer 2016: 9f.). Dabei sticht vor allem die Annahme heraus, dass, obwohl klimatische Veränderungen alle Länder der Welt gleichermaßen treffen, reiche und technologisch hoch entwickelte Nationen die Konsequenzen dieser Veränderung für die Bevölkerung abfedern können, während arme Länder mit eingeschränktem Zugang zu Technologien und Expertisen ihre Bevölkerung nur unzureichend vor Konsequenzen der Klimaerwärmung schützen können (vgl. Bedarff 2017: 9f.). Aufgrund der ungleichen Verteilung dieser reicheren und ärmeren Länder auf dem Planeten, würde dies bedeuten, dass klimabedingte Migrationsbewegungen über lange Distanzen vor allem aus dem globalen Süden in den globalen Norden zu erwarten sind (vgl. ebd.: 3).

Vor diesem Hintergrund stellt sich die Frage, inwieweit sich beispielsweise die Europäische Union (EU), als Zielgebiete dieser „Süd-Nord-Migration" auf diese neue Herausforderung vorbereitet.

Da die EU ein abstraktes Gebilde ist, lässt sich schwer über die Einstellung, beziehungsweise Einstellungsänderung dieser Entität sprechen. Allerdings ermöglicht ein Blick in die legalen Dokumente, die Richtlinien und Verordnungen der EU, eine Aussage über Veränderungen und

Tendenzen von Einstellungen auf EU Ebene. Da Richtlinien und Entwürfe zu ihrer Reformierung meist mehrere Monate bis Jahre in verschiedensten Instanzen diskutiert werden und dem finalen Entwurf schließlich alle Gremien der EU jeweils mehrheitlich zugestimmt haben müssen bevor er in Kraft tritt, spiegeln diese Dokumente einen temporären Querschnitt konsensfähiger Positionen innerhalb der EU wider. Um die Position der EU zu klimabedingter Flucht und Migration in der Vergangenheit und Gegenwart zu beleuchten, findet in dieser Arbeit eine Analyse der legalen Dokumente und Reformdebatten zu ebendiesem Thema statt. Die Fragestellung, die als roter Faden durch diese Hausarbeit leiten soll, lautet daher:

Existieren in den aktuellen EU Richtlinien zu Migration Möglichkeiten der Schutzgewährung für die Gruppe der klima- und umweltbedingten Vertriebenen und wie wird in den Reformdebatten und Evaluationen zu diesen Richtlinien die Auswirkungen des Klimawandels auf Migrationsbewegungen aufgenommen und diskutiert?

Um diese Frage zu beantworten, werde ich zuerst, durch den Bezug auf den aktuellen Forschungsstand, die Hausarbeit thematisch in die aktuelle Debatte um klimabedingte Migrationsbewegungen einbetten. Daraufhin werde ich auf den Klimawandel-Migrations-Nexus eingehen, um die aktuelle Diskussion zum Zusammenhang zwischen Klimawandel und Migrationsbewegungen aufzugreifen und eine Verständnisgrundlage zu schaffen, von der aus klimabedingte Migrationsbewegungen begriffen und Diskurspositionen verstanden werden können. Im Anschluss daran werde ich aus den Gesetzesgrundlagen und Reformvorschlägen der EU zu Migration solche auswählen, die in der Europäischen Migrationsagenda neben Grenzschutz und einer Verringerung der Migrationsanreize als weitere zentrale Schwerpunkte zur Steuerung der Migration benannt werden: Zum einen bezüglich des Gemeinsamen Europäischen Asylsystems (GEAS) und zum anderen bezüglich legaler (Arbeits-)Migration (vgl. Europäische Kommission 2015: 8-21). Die Analyse dieser Gesetzesgrundlagen, Reformvorschläge und diesbezüglicher Evaluationen der EU zu Migration wird dazu dienen, herauszuarbeiten, inwiefern mögliche Anpassungen, Veränderungen und Anmerkungen jeweils auch den Klimawandel und seinen Einfluss auf veränderte Migrationsmuster bedenken und auf klimabedingte Migrationsfaktoren eingehen. Diese Analyse wird schließlich im Fazit zusammengeführt und diskutiert sowie abschließend ein Ausblick auf zukünftige Forschung gegeben.

2. aktueller Forschungsstand zu Umwelt- und Klimaflucht und gesetzlichen Schutzmöglichkeiten

Die Erforschung von Migration im Kontext von Klimawandel wurde bis heute bereits auf verschiedenen Ebenen und mit unterschiedlichen Schwerpunkten durchgeführt. Ebenso die Erforschung von Migration im Kontext von Asyl und Erwerbstätigkeit. Die Kombination aus diesen beiden Forschungsrichtungen mit Fokus auf die legalen Rahmenbedingungen und impliziten Standpunkte der EU wurde bisher jedoch nur am Rande und ohne Bezug auf aktuelle Reformbestrebungen durchgeführt.

Unter Anderem Piguet (2011 & 2013), Faist und Schade (2013) sowie Methmann und Oels (2015) legen in ihren Betrachtungen den Blick vor allem auf den Zusammenhang zwischen Flucht, beziehungsweise Migration und Klimaerwärmung, während Vorschläge, Forderungen oder Bemerkungen zu Schutz und Asyl einen geringeren Umfang einnehmen. Demgegenüber stehen Forscher_innen wie McAdam (2007, 2011, 2012 & 2016), Kolmannskog und Trebbi (2010), Duong (2010), Afifi und Jäger (2010) und Docherty und Giannini (2009), die ihren Fokus vor allem auf die Diskussion für oder gegen den internationalen Schutzanspruch von Umwelt- und klimabedingten Flüchtlingen oder Vertriebenen richten, während sie den Zusammenhang zwischen Klimawandel und Migration kaum behandeln. Wieder andere diskutieren vor diesem Hintergrund vor allem den Zusammenhang zwischen klimabedingter Migration und Sicherheit (vgl. Boas 2015) beziehungsweise Konflikt (vgl. Hugo 2013). Allen diesen Ansätzen ist gemein, dass sie in erster Linie über die Schutzgewährung seitens der internationalen Gemeinschaft diskutieren und dementsprechend den Blick selten auf „kleinere" Staatenbünde wie die EU oder gar einzelne Länder richten.

Diese internationale Perspektive ist durchaus sinnvoll, wenn es um globale und allgemeine Problemstellungen, Ideen und Lösungsvorschläge geht. Sollen jedoch konkretere Aussagen darüber getroffen werden, wie eine bestimmte Weltregion, Staatenverbünde oder Nationalstaaten einer Migrant_innengruppe gegenüberstehen, dann bleibt die internationale Perspektive zu vage. Im Hinblick auf die Europäische Union gibt es beispielsweise kaum wissenschaftliche Untersuchungen, die konkret nach politischen Positionierungen und gesetzlichen Möglichkeiten und Lücken zur Schutzgewährung für umweltbedingte Migrant_innen und Vertriebene fragen. Dies ist vor dem Hintergrund der aktuellen EU-weiten Klimaproteste und der Klima- wie auch der Flüchtlingspolitik als populäre europäische Themen der letzten Jahre durchaus verwunderlich. Auch dass die EU erst in den letzten Jahren langsam damit begann sich mit der Thematik umweltbedingter Flucht auseinanderzusetzen (vgl. Mayrhofer, Ammer 2014: 389) erscheint ungewöhnlich. Eine der wenigen konkreten Arbeiten bezüglich umweltbedingter Migration und Vertreibung mit dem Blick auf die EU ist die von Kolmannskog und Myrstad (2009), die sich mit den EU-weiten allgemeinen und nationalstaatlichen Schutzmöglichkeiten für umweltbedingte Vertreibung auseinandersetzt, dabei aber vor allem die *Temporary Protection Directive* von 2001 und die bereits seit 2013 ungültige Richtline über Mindestnormen und Anerkennung von schutzbedürftigen Personen von 2004[1] (vgl. Europarat 2004) betrachtet. Die beiden Forscher formulieren als Ergebnis ihrer Forschung eine Strategie zum Umgang mit umweltbedingter Flucht und Klimaerwärmung, die legale Wege zur Arbeitsmigration, die Reduzierung der Klimaerwärmung und Maßnahmen zur Anpassung an veränderte Lebensbedingungen vorsieht (vgl. Kolmannskog, Myrstad 2009: 325f.). Eine weitere Studie mit Blick auf die EU stammt von Mayrhofer und Ammer (2014), die sich als eine der wenigen Arbeiten mit Standpunkten und dem deliberativen Prozess der EU zu klimabedingter Migration und Vertreibung auf Basis des am 16. April 2013 veröffentlichten *Commission Staff Working Document* zu „climate change, environmental degradation, and migration" (CSWD 2013)[2] (vgl. Europäische Kommission 2013) auseinandersetzt. Die Studie bezieht im Gegensatz zu Myrstad und Kolmannskog (2009) auch die neuere gültige Version der Qualifikationsrichtlinie von 2011 mit ein, um zu vergleichen, ob das CSWD 2013 eher eine restriktive oder extensive Interpretation dieser Qualifikationsrichtlinie vorgibt. Dabei kommen die Forscherinnen zum Ergebnis, dass das Feld umweltbedingter Flucht und Vertreibung vor allem im Rahmen von Sicherheit und Entwicklung diskutiert wird (vgl. Mayrhofer und Ammer 2014: 405), die zur Verfügung stehenden legalen Mittel zur Schutzgewährung daher sehr restriktiv ausgelegt werden und sie daher auf keine Art von umweltbedingter Migration oder Vertreibung angewandt werden können (vgl. Mayrhofer und Ammer 2014: 393). Dies führt zur abschließenden Bewertung der Studie, dass die EU-Deliberation zu umweltbedingter Migration und Vertreibung von den Leitlinien geprägt sei, Migration in die EU zu unterbinden, keine klaren Rahmenbedingungen für den Zugang zu Schutz für diese Personengruppen zu schaffen und diesen Schutz innerhalb der EU auch gar nicht gewähren zu wollen (vgl. Mayrhofer und Ammer 2014: 392f.). Die letzte und aktuellste Studie zum Thema stammt von einer Studentin der Kent Law School, Rachele Vestita, die ihren Beitrag „Environmentally Displaced Persons in Europe: Limits of the Legal Protection of this Controversial Category of Migrants" 2017 in der Kent Student Law Review veröffentlicht hat. Sie beschäftigt sich weniger mit Klimawandel, sondern eher mit durch Umweltveränderung und – zerstörung vertriebenen Personen und deren Möglichkeiten innerhalb der EU legalen Schutz zu erhalten. Die Studentin vertritt dabei die Position, dass umweltbedingt vertriebenen Personen Schutz gewährt werden sollte und stellt die Frage, warum die EU für diese Personengruppe bisher noch kein

---

[1] Im Original: Richtlinie 2004/83/EG des Rates vom 29. April 2004 über Mindestnormen für die Anerkennung und den Status von Drittstaatsangehörigen oder Staatenlosen als Flüchtlinge oder als Personen, die anderweitig internationalen Schutz benötigen, und über den Inhalt des zu gewährenden Schutzes. (Im Folgenden „ungültige Qualifikationsrichtlinie von 2004" genannt.)
[2] Im Original: Commission Staff Working Document. Climate Change, Environmental Degradation, and Migration. Accompanying the document: Communication from the Commission to the European Parliament, the Council, the European Economic and Social Committee and the Committee of the Regions. An EU Strategy on Adaptation to Climate Change. (Im Folgenden "CSWD 2013" genannt.)

adäquates Schutzinstrument geschaffen hat. Allerdings bezieht sie sich dabei, trotz der späten Veröffentlichung 2017, auf die seit 2013 ungültige Qualifikationsrichtlinie von 2004, sowie auf die bisher noch nicht zum Einsatz gekommene *Temporary Protection Directive* von 2001 (vgl. Beirens et al. 2016a: 2). Zudem lässt sie den Reformvorschlag der Qualifikationsrichtlinie und den Resettlement-Entwurf von 2016 außer Acht, ebenso wie die Ergebnisse der 2016 veröffentlichten EU-internen Evaluationsstudie zur *Temporary Protection Directive* (vgl. Beirens et al. 2016a; Beirens et al. 2016b), die Nansen-Agenda von 2015 (vgl. The Nansen Initiative 2015) oder auch das CSWD 2013.

Insofern gibt es zwar einige wenige Werke, die sich im Hinblick auf Migration und Klimawandel konkret mit den Positionen innerhalb der EU auseinandersetzen, sowie mit der Frage nach Möglichkeiten und Lücken der Schutzgewährung für Migrant_innen und Vertriebene aufgrund von Klimawandel, Umweltveränderung und -zerstörung. Allerdings wurde nur in einer Studie die aktuelle Qualifikationsrichtlinie behandelt und in keiner der Studien wurden Entwicklungen und Reformbestrebungen der EU analysiert, die jünger als das CSWD 2013 sind.

Die Lücke, die sich hierdurch ergibt, will diese Hausarbeit schließen und daher neben der Qualifikationsrichtlinie von 2011 und der *Temporary Protection Directive* von 2001 vor allem deren Reformvorschläge analysieren. Zusätzlich geben zwei bisher fast unbeachtete (geplante) Säulen der EU-Migrationspolitik, die in die Analyse mit aufgenommen werden, Aufschluss über Möglichkeiten und EU-interne Haltungen zu weiteren Zugangswegen in die EU: Resettlement und Erwerbsmigration. Die Analyse all dieser gültigen Direktiven sowie der geplanten Entwürfe hinsichtlich Migration im Kontext von Klimawandel ergeben zusammengenommen ein diverseres Bild zu Schutzmöglichkeiten und ermöglichen es darüber hinaus auch über zukünftige Entwicklungen in diesem Bereich zu diskutieren.

3. Klimawandel-Migrations-Nexus

Der theoretische Kern dieser Hausarbeit bezieht sich auf den Zusammenhang zwischen Klimawandel und Migrationsbewegungen und wie dieser Zusammenhang unter Forscher_innen diskutiert wird, beziehungsweise welche Belege oder Hinweise es auf kausale Zusammenhänge von Klimawandel und Migration gibt. Das Ergebnis dieser Darstellung soll dazu dienen, Analysekriterien zu entwickeln, nach denen Diskurspositionen und Haltungen gegenüber klima- und umweltbedingter Migration eingeordnet werden können.

3.1 Umweltflucht, Umweltmigration, Klimaflucht – Definitionsflut und Konzepte

Der Zusammenhang von Klimawandel und Migration wird, über den Zwischenschritt von Umweltveränderung und –zerstörung, seit einigen Jahren unter den Schlagwörtern „Umwelt-" beziehungsweise „Klimaflüchtling" diskutiert. Der Begriff „Umweltflüchtling" geht dabei auf einen Bericht des Wissenschaftlers Essam El-Hinnawi von 1985 zurück, der im Rahmen des UN Environmental Programmes veröffentlicht wurde. El-Hinnawi definiert den Term dabei folgendermaßen:

> "those people who have been forced to leave their traditional habitat, temporarily or permanently, because of a marked environmental disruption (natural and/or triggered by people) that jeopardized their existence and/or seriously affected the quality of their life. By 'environmental disruption' in this definition is meant any physical, chemical, and/or biological changes in the ecosystem (or resource base) that render it, temporarily or permanently, unsuitable to support human life." (El-Hinnawi 1985:4).

Dieser Begriff, der ursprünglich in erster Linie auf natürliche oder menschengemachte Umweltzerstörung verwies, wurde von Diane Bates 2002 in ihrem Artikel „Environmental Refugees? Classifying Human Migrations Caused by Environmental Change" (vgl. Bates 2002) erweitert, indem sie eine Unterscheidung zwischen „environmental emigrants" und „environmental refugees" einführte (vgl. Bates 2002: 473). „Environmental refugees" seien demnach nur diejenigen Menschen, denen aufgrund abrupter Umweltveränderungen keine andere Option zur Verfügung stünde, als ihre Heimat zu verlassen und zu fliehen (vgl. ebd.). „Environmental emigrants" hingegen stünden vor einer komplexen Entscheidungssituation in der sie die Macht hätten, zu wählen, wie sie auf die Umweltveränderung reagieren. Dabei stellt Migration nur eine der Optionen dar (vgl. ebd.). Insofern unterscheidet Bates die beiden Kategorien hinsichtlich „forced" und „voluntary migration". Seit Bates Beitrag etablierten sich weitere Kategorien von Migration im Kontext von Umweltzerstörung und Klimawandel: Roger Zetter und Camillo Boano (2008) nutzten beispielsweise den Begriff „environmentally displaced people" anstelle des Flüchtlingsbegriffs. Prof. Dr. Janos J. Bogardi, der damalige Leiter des United Nations University Institute for Environment and Human Security, nutzte in einem Bericht 2007 demgegenüber den Begriff "environmental migrant" (vgl. Bogardi 2007: 6). Im Verlauf desselben Berichts wurde dieser Begriff von weiteren Autoren spezifiziert in „environmentally motivated migrant", „environmentally forced migrant" und „environmental refugees" (vgl. ebd.: 29). Ähnlich wie Bates, unterscheiden sich die Terme vor allem in Bezug auf die „Freiwilligkeit" des Migrationsprozesses, fügen aber noch zwei zeitliche Dimensionen hinzu: Zeitpunkt und Dauer. „Environmentally motivated migrants" sind relativ frei in der Migrationsentscheidung, ebenso wie darüber ob sie temporär oder dauerhaft migrieren und zu welchem Zeitpunkt sie migrieren wollen (vgl. ebd.: 29f). „Environmentally forced migrants" sind demgegenüber zwar noch frei in der Wahl des Migrationszeitpunktes, müssen aber letztendlich dauerhaft migrieren, da Ihnen diesbezüglich keine Wahl bleibt (vgl. ebd.: 29f.). Im Gegensatz dazu werden „environmental refugees" definiert als Personen, die zwar entscheiden können, ob sie kurzfristig oder dauerhaft migrieren, die

Migrationsentscheidung und der Zeitpunkt ist für sie jedoch nicht wählbar, da sie aufgrund von Naturkatastrophen unverzüglich fliehen müssen (vgl. ebd.: 30). Auch Biermann und Boas, die ähnliche Personengruppen umschreiben, nutzen den Flüchtlingsbegriff, setzen ihn aber als Neuerung in direktem Zusammenhang mit Klimawandel (vgl. Biermann und Boas 2010: 64). Sie konzeptualisieren ihren Term „climate refugee" als

> „the victims of a set of three direct, largely undisputed climate change impacts: sea-level rise, extreme weather events, and drought and water scarcity" (Biermann und Boas 2010: 64).

Von ebenfalls der gleichen Personengruppe, diesmal jedoch mit einem wieder anderen Label versehen, handelt die Agenda der Nansen Initiative von 2015, einer internationalen Initiative zur Identifizierung und Konsensbildung über effektive Methoden im Umgang und zum Schutz von Menschen, die aufgrund von Naturkatastrophen über internationale Grenzen fliehen (vgl. The Nansen Initiative 2015: 6): Die Nansen Agenda spricht in diesem Kontext nicht von „environmental"- oder „climate refugees", sondern von „Cross-Border Disaster-Displaced Persons" (vgl. ebd.: 6). Dementsprechend existieren eine Vielzahl von Begriffen und Definitionen, die zum Teil unterschiedlich gelabelt die gleichen Personengruppen bezeichnen, teilweise mit gleichem Label unterschiedliche Personengruppen.

Demgegenüber vertritt die *International Organization for Migration* (IOM) einen anderen Ansatz, der in der aktuellen wissenschaftlichen Debatte weitaus populärer ist. Die IOM sieht davon ab, bezüglich Migration und Klimawandel/Umwelt, konkrete Definitionen und Kategorien von Betroffenen zu bilden, da sie die Entscheidung zur Migration immer als multifaktoriellen Prozess begreift (vgl. IOM 2018: 2f). Stattdessen spricht sie im Allgemein von „environmental migrants" (vgl. ebd.). Die IOM schreibt hierzu, dass Umweltfaktoren zwar immer Einfluss auf Migrationsbewegungen genommen haben, aber es kaum möglich ist diese Faktoren von beispielsweise sozialen oder ökonomischen Faktoren zu trennen (vgl. ebd.). Darüber hinaus können derart beeinflusste Migrationsbewegungen gänzlich unterschiedliche zeitliche und geographische Formen annehmen, freiwillig oder unter Zwang stattfinden und auch als emanzipatorisches Moment wahrgenommen werden (vgl. ebd.). Diese Abkehr von den Begriffen „environmental"- oder „climate *refugees*", bestätigen auch Laczko und Piguet (2014), wenn sie feststellen, dass obwohl die Publikationen zu Umweltmigration stetig zahlreicher werden, die Verwendung der beiden Flüchtlingsbegriffe abnimmt (vgl. Laczko, Piguet 2014: 6). Nichtsdestotrotz macht sich Benoît Mayer, der den Standpunkt der IOM teilt, auch für die Verwendung von schlagwortartigen Begriffen stark, wenn er schreibt:

> „Climate migration is a weak analytical concept, but it has a particularly strong political currency. [...] More might after all be lost than gained if a concept with great political currency, hence likely to trigger political reforms in governance fields arguably in dire need for such reforms, was rejected "just" because of its analytical shortcomings" (Mayer 2016: 37).

Die Tatsache, dass klima- und umweltbedingte Migrationsbewegungen explizit im Globalen Migrationspakt der UN (GCM)[3] erwähnt werden (vgl. United Nations General Assembly 2019: 10), zeugt jedenfalls davon, dass die kontrovers geführte Debatte der letzten Jahre den politischen Diskurs verändert hat und „politisches Kapital" sinnvoll eingesetzt wurde.

Diese nur ausschnittweise dargestellten Definitionen und Konzepte um Migration, Umwelt und Klimawandel zeigen bereits die Komplexität dieses Zusammenhangs. Trotz dieser Schwierigkeit stimmen jedoch auf der rein kausalen Ebene zahlreiche Forscher_innen darin überein, dass Klimawandel grundsätzlich Auswirkungen auf die Umwelt und damit Auswirkungen auf Migrationsbewegungen hat (vgl. u. A. Piguet, Pécoud, de Guchteneire 2011: 22; Mayer 2016: 27; Pachauri et al. 2014).

3.2 Beispiele für kausale Zusammenhänge zwischen Klimaerwärmung und Migration

Ein Zusammenhang zwischen Klimawandel und Migration wird von vielen Forscher_innen als gegeben angesehen (vgl. u. A. Piguet, Pécoud, de Guchteneire 2011: 22; Mayer 2016: 27; Pachauri et al. 2014). Aufgrund der Komplexität dieses Zusammenhangs, sowie der Zusammenwirkung mit sozialen, ökonomischen, politischen und kulturellen Faktoren, lässt sich jedoch kaum voraussagen, welchen Einfluss Klimawandel in einer bestimmten Region im konkreten Fall auf Migration haben wird (vgl. Mayer 2016: 17f.). Allerdings lässt sich dieser Einfluss in Wahrscheinlichkeiten und Häufigkeiten erfassen, da die kausale Verbindung zwischen Klimaerwärmung und Wetterphänomenen, beziehungsweise Naturkatastrophen probabilistischer Natur ist (vgl. ebd.: 18). Zusammen mit der Analyse vergangener Reaktionen auf Wetterphänomene oder Naturkatastrophen, ergeben sich somit Hinweise darauf, inwiefern Migration in bestimmten Regionen als Strategie im Umgang mit der Umwelt eingesetzt wurde und möglicherweise auch zukünftig eingesetzt werden wird.

Beispielsweise sagt das International Panel on Climate Change (IPCC) in seinem Bericht von 2014 für den afrikanischen Kontinent unter anderem „verstärkte Beanspruchung von Wasserressourcen" und möglicherweise ein höheres Risiko von Dürren voraus, sowie eine verminderte Produktion von Nahrungsmitteln und damit einhergehend eine zunehmende Bedrohung der Lebensmittelsicherheit für die Bevölkerung (Pachauri et al. 2014: 7, 65). Morrissey (2014) legt in seinem Artikel: „Environmental Change and Human Migration in Sub-Saharan Africa" ebenfalls den Fokus auf Wasserknappheit und Dürren in verschiedenen afrikanischen Regionen und diskutiert Studien, die die

---

[3] Im Original: Resolution adopted by the General Assembly on 19 December 2018 [without reference to a Main Committee (A/73/L.66)]. Global Compact for Safe, Orderly and Regular Migration. (Im Folgenden "GCM" genannt.)

Auswirkungen und Konsequenzen dieser Dürren untersucht haben. Dabei zeichnet sich nicht nur ab, dass Migration im Kontext von Dürren stattfinden kann, sondern auch, dass sie von zahlreichen Faktoren beeinflusst wird (vgl. Morrissey 2014: 98). Allerdings gibt es auch gegensätzliche Hinweise darauf, dass im Kontext von Dürren weniger Migration stattfindet, möglicherweise aus dem Grund, dass schlicht die finanziellen Mittel für eine Migration nicht vorhanden sind (vgl. ebd.: 96). Die sich teils widersprechenden Studienergebnisse verweisen dabei möglicherweise weniger auf Fehler in der Datenauswertung, sondern vielmehr auf die multifaktoriellen Zusammenhänge von Migrationsprozessen und darauf, dass Prozesse auf dem afrikanischen Kontinent mit seinen diversen klimatischen Bedingungen und sozialen Kontexten kaum generalisierend beschrieben werden können. Ein weiteres Beispiel sind kleine Inselstaaten, beispielsweise in der Karibik oder im Pazifik. Detaillierter als dies im IPCC Bericht von 2014 der Fall ist, fassen Laczko und Piguet (2014) hierzu den Bericht des IPCC von 2007 zusammen, der für kleine Inseln verstärkte Überschwemmungen, Sturmfluten und Erosion im Rahmen des steigenden Meeresspiegels voraussagt, in deren Folge auch zunehmende (Umwelt-)zerstörung von Küstengebieten, Infrastruktur und Siedlungen sowie eine kritische Verringerung von Süßwasservorräten möglich ist (vgl. Laczko, Piguet 2014: 8). In der Vergangenheit hat sich am Beispiel anderer Inseln, beispielsweise der Chesapeake Bay Islands an der Atlantikküste der USA gezeigt, dass diese, unter anderem aufgrund des steigenden Meeresspiegels, Anfang des 20. Jahrhunderts komplett verlassen wurden (vgl. Piguet 2011: 11). Allerdings ist Migration für die Bewohner von tief liegenden Inseln oder Siedlungsgebieten nicht immer die einzige Option, um auf den Anstieg des Meeresspiegels zu reagieren. Eines der eindrucksvollsten Beispiele hierfür ist der Ausbau des niederländischen Deichsystems auf Initiative der niederländischen Regierung, um ihre Bevölkerung effektiv zu schützen (vgl. Piguet 2011: 12). Am Beispiel von Kiribati wird dagegen eine andere Strategie und gleichzeitig die multifaktorielle Bedingtheit von Migrationsentscheidungen deutlicher: Zum einen hat die Regierung von Kiribati 2012 als Strategie zum langfristigen Schutz der Bevölkerung den Kauf von Land in Fiji genehmigt (vgl. Laczko, Piguet 2014: 14). Gleichzeitig dürften die traditionsgemäßen Besitzrechte der Bevölkerung an einem Großteil der Landfläche dieser Inseln auch ein wichtiger kultureller Faktor dafür sein, dass sich die Bevölkerung stärker an die Inseln gebunden fühlt und Migration nicht als akzeptable Anpassungsstrategie wahrgenommen werden wird (vgl. ebd.). Am Beispiel Mozambique werden schließlich wiederum andere staatliche Strategien zum Schutz der Bevölkerung vor klimabedingter Umweltveränderung und –zerstörung deutlich, die zum einen traditionelle Migrationsmuster durchbrechen und zum anderen die Lage der Zielgruppe nicht wirklich verbessern (vgl. Warner et al. 2010: 706f.). Im Rahmen eines Resettlement-Programms in Mozambique wurden nach der Überflutung des Zambezi Flusses 2007 etliche Menschen freiwillig in sogenannte „resettlement centres" gebracht, die davor immer wieder zirkulär die überfluteten Gebiete verlassen hatten und nach dem Rückgang des Wassers zurückgekehrt waren (vgl. ebd.). Die höher liegenden

Resettlement-Zentren jedoch waren anfällig für Dürren, die dorthin übersiedelte Bevölkerung deshalb nicht in der Lage sich selbst zu unterhalten und dementsprechend fast gänzlich abhängig von staatlicher Hilfe (vgl. ebd.). In der Folge gingen die Männer aus den Zentren wieder, in die überfluteten Gebiete zurück, um der Abhängigkeit zu entkommen und um dort in der Pflanz- und Erntezeit zu arbeiten und Geld zu verdienen (vgl. ebd.). Die zunehmende Gefahr von Überflutungen, der Erhalt der Selbstwirksamkeit und finanzieller Unabhängigkeit, sowie das Vorhandensein finanzieller Mittel und staatlicher migrationsfördernder Strukturen sind dementsprechend nur einige der Faktoren, die im Kontext von Überflutungen auch in Mozambique die Migrationsentscheidung maßgeblich beeinflusst haben.

3.3. Der Migration-Klimawandel-Nexus – ein Zwischenstand

Insofern lässt sich also subsummieren, dass Klimawandel durchaus einen Einfluss auf Migration hat. Eine bürokratische Definition von Klima- und Umweltmigrant_innen ist jedoch aufgrund der Verwobenheit verschiedenster Faktoren mit dem Faktor Umwelt und Klimaerwärmung unmöglich, oder wie Benoît Mayer es formulieren würde:

> "It is hardly an exaggeration to state that the impacts of climate change can have virtually any consequence on any form of migration, and that the decisions to migrate or not to migrate that each of us repeatedly makes in the course of our life could always be, in some ways, related to climate change." (Mayer 2016: 24f.).

Laut Mayer (2016: 27f.) wird es außerdem jetzt und zukünftig *keine* spezifische neue Form von Klimamigration geben, sondern Klimawandel wird auf bestehende Migrationsbewegungen einwirken und diese verändern.

Insofern wäre es sinnvoll für die Analyse der EU Gesetzesgrundlagen als Kriterien nicht nur Klimawandel, Umweltveränderung und –zerstörung als Schlagworte zu erfassen, auch wenn gezeigt wurde, dass diese Umstände direkt und indirekt Einfluss auf Migration haben können. Stattdessen wäre es aufgrund der Einwirkung des Klimawandels auf alle Arten von Migration sinnvoller zusätzlich zu analysieren, ob bestehende Kategorien von zugangsberechtigten Migrant_innengruppen erweitert oder andere neu geschaffen werden. Außerdem könnte die Analyse der Reformierung von alten Instrumenten und der Schaffung von neuen Programmen zur Migrationssteuerung Aufschluss darüber geben, ob durch Klimawandel veränderte Migrationsbewegungen und damit veränderte Bedarfe nach physischer und ökonomischer Sicherheit, aufgegriffen und inkorporiert wurden und werden.

4. Analyse der Instrumente und Strategien der EU zur Migrationssteuerung

Wie im vorhergehenden Kapitel ausgeführt, wird sich dieses Kapitel der Analyse der EU Gesetzesgrundlagen, sowie deren Evaluationen oder Reformentwürfen widmen und diese anhand dargelegter Kriterien, wie Schlagworten, veränderten Zielgruppen und veränderten Gültigkeits- und Zugangsberechtigungen zu bestimmten Rechten, beziehungsweise bestimmten Programmen untersuchen.

Als Analysegrundlage dienen die zentralen Gesetzesgrundlagen der EU im Rahmen des Gemeinsamen Europäischen Asylsystems (GEAS) und legaler (Arbeits-)Migration, die auch in der Europäischen Migrationsagenda neben Grenzschutz und einer Verringerung der Migrationsanreize als Schwerpunkte der Migrationssteuerung genannt wurden (vgl. Europäische Kommission 2015: 8-21):

1. die Qualifikationsrichtlinie[4] (vgl. Europäisches Parlament und Europarat 2011) sowie ihr Reformvorschlag[5] (vgl. Europäische Kommission 2016a),

2. die Richtlinie zu vorübergehender Schutzgewährung (*Temporary Protection Directive*)[6] (vgl. Europarat 2001a) und die dazugehörige EU-interne Evaluationsstudie dieser Richtlinie (vgl. Beirens et al. 2016a; Beirens et al. 2016b),

3. der Vorschlag einer Verordnung der Europäischen Kommission zur Schaffung eines Neuansiedlungsrahmens der Union (Resettlement-Entwurf)[7] (vgl. Europäische Kommission 2016b) und

---

[4] Im Original: *Richtlinie 2011/95/EU des Europäischen Parlaments und des Rates vom 13. Dezember 2011 über Normen für die Anerkennung von Drittstaatsangehörigen oder Staatenlosen als Personen mit Anspruch auf internationalen Schutz, für einen einheitlichen Status für Flüchtlinge oder für Personen mit Anrecht auf subsidiären Schutz und für den Inhalt des zu gewährenden Schutzes (Neufassung).* (Im Folgenden „Qualifikationsrichtlinie" genannt.)

[5] Im Original: *Vorschlag für eine Verordnung des Europäischen Parlaments und des Rates über Normen für die Anerkennung von Drittstaatsangehörigen oder Staatenlosen als Personen mit Anspruch auf internationalen Schutz, für einen einheitlichen Status für Flüchtlinge oder für Personen mit Anspruch auf subsidiären Schutz und für den Inhalt des zu gewährenden Schutzes sowie zur Änderung der Richtlinie 2003/109/EG des Rates vom 25. November 2003 betreffend die Rechtstellung der langfristig aufenthaltsberechtigten Drittstaatsangehörigen.* (Im Folgenden „Reformvorschlag der Qualifikationsrichtlinie" genannt.)

[6] Im Original: Richtlinie 2001/55/EG des Rates vom 20. Juli 2001 über Mindestnormen für die Gewährung vorübergehenden Schutzes im Falle eines Massenzustroms von Vertriebenen und Maßnahmen zur Förderung einer ausgewogenen Verteilung der Belastungen, die mit der Aufnahme dieser Personen und den Folgen dieser Aufnahme verbunden sind, auf die Mitgliedstaaten. (Im Folgenden *„Temporary Protection Directive"* genannt.)

[7] Im Original: Vorschlag für eine Verordnung des Europäischen Parlaments und des Rates zur Schaffung eines Neuansiedlungsrahmens der Union und zur Änderung der Verordnung (EU) Nr. 516/2014 des Europäischen Parlaments und des Rates. (Im Folgenden „Resettlement-Entwurf" genannt.)

4. die Richtlinie zur Ausübung von hochqualifizierter Beschäftigung (*Blue Card Directive*)[8] (vgl. Europarat 2009) sowie deren Reformvorschlag[9] (vgl. Europäische Kommission 2016c) und dessen aktuellste Änderungsanträge[10] (vgl. Europäisches Parlament 2017).

Die Analyse dieser Dokumente soll schließlich Aufschluss über EU interne Haltungen zu Migration im Kontext von Klimawandel geben und gleichzeitig aufzeigen, welche Schutzmöglichkeiten und zukünftigen Entwicklungen hinsichtlich umwelt- und klimabedingten Migrant_innen EU-weit existieren.

4.1 Qualifikationsrichtlinie der EU und deren Reformvorschlag

In der Qualifikationsrichtlinie sowie im Reformvorschlag der Qualifikationsrichtlinie werden Klimawandel, Klimaerwärmung und in diesem Kontext Umwelt und Umweltkatastrophen als Gründe für internationale Schutzgewährung nicht erwähnt.

Mayrhofer und Ammer (2014) argumentieren, dass die Qualifikationsrichtlinie für bestimmte Menschen trotzdem Anwendung finden könnte, die im Kontext von Umweltveränderungen migrieren (vgl. Mayrhofer, Ammer 2014: 418f.). Mayrhofer und Ammer beziehen sich dabei vor allem auf den subsidiären Schutz, der laut Artikel 2f, für Personen gedacht ist, die glaubhaft darlegen können, dass sie bei der Rückkehr in ihr Herkunftsland einem realistischen Risiko ausgesetzt seien „ernsthaften Schaden" zu erleiden (vgl. Europäisches Parlament und Europarat 2011: 13). Die Annahme der beiden Forscherinnen basiert allerdings auf der Prämisse, dass eine Form von „ernsthaftem Schaden", nämlich „unmenschliche oder erniedrigende Behandlung" (vgl. Europäisches Parlament und Europarat 2011: 18), auch auf Klimawandel und klimabedingte Migration bezogen werden könne. Ausgehend von dieser Prämisse wirkt ihr Argument schlüssig. Allerdings lässt sich ihre Prämisse kaum aufrechterhalten, wenn man Artikel 6 der Qualifikationsdirektive betrachtet: Dort heißt es, dass „ernsthafter Schaden" ausschließlich von drei Akteuren ausgehen kann: a) dem Staat, b) Parteien oder Organisationen, die den Staat oder einen wesentlichen Teil des Staatsgebiets beherrschen und c) von nichtstaatlichen Akteuren, sofern die unter a) und b) genannten Akteure einschließlich internationaler Organisationen erwiesenermaßen nicht in der Lage oder nicht willens sind, Schutz vor Verfolgung

---

[8] Im Original: Richtlinie 2009/50/EG des Rates vom 25. Mai 2009 über die Bedingungen für die Einreise und den Aufenthalt von Drittstaatsangehörigen zur Ausübung einer hochqualifizierten Beschäftigung. (Im Folgenden „*Blue Card Directive*" genannt.)

[9] Im Original: Vorschlag für eine Richtlinie des Europäischen Parlaments und des Rates über die Bedingungen für die Einreise und den Aufenthalt von Drittstaatsangehörigen zur Ausübung einer umfassende Qualifikationen voraussetzenden Beschäftigung {SWD(2016) 193 final} {SWD(2016) 194 final}. (Im Folgenden „Reformvorschlag der *Blue Card Directive*" genannt.)

[10] Im Original: Europäisches Parlament (2017): ***I Bericht über den Vorschlag für eine Richtlinie des Europäischen Parlaments und des Rates über die Bedingungen für die Einreise und den Aufenthalt von Drittstaatsangehörigen zur Ausübung einer umfassende Qualifikationen voraussetzenden Beschäftigung. (Im Folgenden „Änderungsantrag des Reformvorschlages der *Blue Card Directive*" genannt.)

beziehungsweise ernsthaftem Schaden im Sinne des Artikels 7 zu bieten (vgl. Europäisches Parlament und Europarat 2011: 15). Klimawandel kann in dieser Hinsicht schwerlich als Staat, beziehungsweise als eine Partei oder Organisation und schließlich auch kaum als nichtstaatlicher *Akteur*, also als ein aktiv „Handelnder" (vgl. Dudenredaktion 2017: 180), beziehungsweise laut Duden Onlinewörterbuch, „an einem bestimmten Geschehen Beteiligter" oder als eine „handelnde Person" (vgl. Dudenredaktion o.J.: online) verstanden werden. Außerdem legen Mayrhofer und Ammer mit Verweis auf McAdam (2007) und einem Vermerk des Präsidenten des Europarates zu subsidiärem Schutz vom 20. September 2002 dar, dass bei der Ausarbeitung der ursprünglichen, aktuell bereits ungültigen Qualifikationsrichtlinie von 2004 zwar darüber diskutiert wurde die Definition von „ernsthaftem Schaden" in Artikel 15 um bestimmte umweltbedingte Faktoren zu erweitern, diese aber keinen Eingang fanden (McAdam 2007: 55) und der Europarat darüber hinaus betonte, dass subsidiärer Schutz nur für menschengemachte Situationen und nicht für Naturkatastrophen gelten solle (Europarat 2002: 7). Der Reformvorschlag der Qualifikationsrichtlinie wurde in dieser Hinsicht nicht erweitert.

Insofern scheint die Qualifikationsrichtlinie, ebenso wie deren Reformvorschlag keine Schutzmechanismen für Menschen vorzusehen, die Opfer von klimabedingter Umweltveränderung oder -zerstörung wurden. Eine dementsprechende Auslegung ist hinsichtlich der begrifflichen Problematik bezüglich „nicht-staatlicher Akteure" und der klaren Position gegen einen solchen Schutzgrund seitens der Europäischen Union mehr als fraglich.

4.2 *Temporary Protection Directive* der EU und die diesbezügliche EU-interne Evaluationsstudie

Auch in der *Temporary Protection Directive*, sowie in der dazugehörigen Evaluationsstudie von 2016 (Beirens et al. 2016a; Beirens et al. 2016b) werden Klimawandel oder umweltbedingte Fluchtgründe nicht explizit als mögliche Auslöser für eine EU-weite temporäre Schutzmaßnahme für bestimmte migrierende Gruppen betrachtet. Grundsätzlich ist die *Temporary Protection Directive* sehr vage in ihren Formulierungen und Begrifflichkeiten. Laut Beirens et al. kann das einerseits zwar einen großen Vorteil darstellen, da diverse Situationen über die *Temporary Protection Directive* abgedeckt werden können, andererseits ist es auch eine der größten Schwächen der Richtlinie (vgl. Beirens et al. 2016a: 2). Da die Interpretation und schließlich die Entscheidung, ob und wenn ja, welchen Gruppen nun temporärer Schutz gewährt werden soll maßgeblich in der Hand des Europäischen Parlaments und schließlich des Europarates liegt, ist die Entscheidung über die Aktivierung der Schutzmaßnahme stark einem je nach Zusammensetzung unterschiedlichen politischen Klima unterworfen (vgl. ebd.). Kolmannskog und Myrstad argumentieren, dass es aufgrund dieser vagen Formulierungen rechtlichen Spielraum gäbe, um auch Menschen, die aufgrund von Klimawandel oder Umweltzerstörung Schutz suchen, über die *Temporary Protection Directive* zu schützen (vgl. Kolmannskog, Myrstad 2009: 316f.). Auch wenn Mayrhofer und Ammer diesem Argument grundsätzlich zustimmen, verweisen Sie, ebenso wie die Evaluationsstudie, auf die Deutungsmacht des Europarates, der entscheiden kann, ob die Grundvoraussetzung eines „mass influx" an schutzsuchenden Personen gegeben ist und welche Migrationsbewegungen mit welchen Migrationsgründen dabei überhaupt mitgezählt werden sollen (vgl. Mayrhofer, Ammer 2014: 407). Die beiden Forscherinnen gehen davon aus, dass es aufgrund des politischen Klimas unwahrscheinlich sei, dass Migrationsbewegungen aufgrund von Umweltveränderung   oder -zerstörung vom Rat in Zukunft mitgezählt würden (vgl. ebd.). Diese Vermutung wird von der Diskussion innerhalb der Arbeitsgruppe des Europarates zum Entwurf der *Temporary Protection Directive* 2001 untermauert. Dabei hatte sich die Finnische Delegation klar für die Aufnahme von „Naturkatastrophen" als Flucht- und Schutzgrund in die Direktive ausgesprochen, dieser Vorschlag wurde jedoch von Belgien und Spanien mit der Begründung abgelehnt, dass es sich bei diesen Migrant_innen laut keiner internationalen Rechtsnorm um „Flüchtlinge" handeln würde (vgl. Europarat 2001b: 4). Auch unter Artikel 2c der *Temporary Protection Directive*, der sich mit der Definition von „Vertriebenen", also denjenigen schutzwürdigen Personen beschäftigt, die die Zielgruppe der *Temporary Protection Directive* darstellt, heißt es klar, dass es sich bei diesen Personen um Menschen handelt,

> „die gegebenenfalls in den Anwendungsbereich von Artikel 1 Abschnitt A der Genfer Flüchtlingskonvention oder von sonstigen internationalen oder nationalen Instrumenten, die internationalen Schutz gewähren, fallen." (Europarat 2001a: 3).

Artikel 1A der Genfer Flüchtlingskonvention verweist auf Flüchtlinge aufgrund persönlicher Verfolgung. Das zweite in der EU gültige Dokument zur Schutzgewährung von Drittstaatlern ist die bereits vorgestellte Qualifikationsrichtline von 2011 der Europäischen Union. Sie bezieht sich bei ihrer Zielgruppe auch maßgeblich auf Flüchtlinge und subsidiär Schutzberechtigte und schließt, wie im letzten Unterkapitel dargestellt, Menschen, die aufgrund von Klimawandel, Umweltveränderung und –zerstörung migrieren ebenso aus. Bezüglich nationaler Gesetze und „Instrumente", ist Finnland europaweit das einzige Land, das durch den Finnish Aliens Act §109 zumindest Naturkatastrophen explizit als Grund für nationale temporäre Schutzgewährung anerkennt (vgl. Kolmannskog, Myrsted 2009: 318; Ministry of the Interior, Finland 2010: 39).

Zwar werden durch das Wort „gegebenenfalls" in Artikel 2c der *Temporary Protection Directive* andere Gesetzesgrundlagen nicht ausgeschlossen und Artikel 3, Nummer 5 der *Temporary Protection Directive* erlaubt den Mitgliedsstaaten auch „günstigere Regelungen" anzuwenden (vgl. Europarat 2001a: 3), allerdings werden diese Zugeständnisse in Artikel 7, Nummer 1 wiederum eingeschränkt, indem es heißt:

„Die Mitgliedstaaten können den vorübergehenden Schutz gemäß dieser Richtlinie weiteren — von dem Beschluss des Rates nach Artikel 5 nicht erfassten — Gruppen von Vertriebenen gewähren, **sofern** sie aus den **gleichen Gründen** vertrieben wurden und aus **demselben Herkunftsland** oder *derselben Herkunftsregion* kommen." (Europarat 2001a: 4, Hervorhebung durch den Autor).

Das bedeutet wiederum, dass auch bei einer Erweiterung der Zielgruppe am Ende nur Flüchtlinge und subsidiär Schutzberechtigte von der *Temporary Protection Directive* geschützt werden können, da für andere Gruppen schlicht die rechtliche Schutznorm fehlt.

Somit kann festgehalten werden, dass die *Temporary Protection Directive* Menschen, die aufgrund von Klimawandel, Umweltveränderung und –zerstörung fliehen, aus verschiedenen Gründen wahrscheinlich keinen Schutz gewähren wird: 1. Weil es nicht absehbar ist, dass die *Temporary Protection Directive* überhaupt erst aktiviert werden wird, 2. weil die Formulierungen im engeren Sinne die genannte Personengruppe aufgrund fehlender internationaler und EU-weiter Gesetzesgrundlagen ausschließt und 3. weil selbst wenn Punkt 1 und 2 überwunden werden könnten, das europäische Parlament und schließlich der Europarat sich auf die Anerkennung klima- und umweltbedingter Flucht im Rahmen der *Temporary Protection Directive* einigen müssten, was angesichts des aktuellen europäischen politischen Klimas kaum zu erwarten sein dürfte.

4.3 Resettlement-Entwurf der EU

Neben den bereits bestehenden europäischen Gesetzesgrundlagen zu Asyl und Schutzgewährung innerhalb der EU gibt es aktuell außerdem einen Entwurf zu Resettlement von Drittstaatlern oder Staatenlosen in die EU (vgl. Europäische Kommission: 2016b). Der Entwurf zielt auf folgendes ab:

„Festlegung eines gemeinsamen Konzepts, das Drittstaatsangehörigen, die internationalen Schutz benötigen, eine sichere und legale Einreise in die Union ermöglicht und sie damit auch vor der Ausbeutung durch Schleusernetze schützt und verhindert, dass sie ihr Leben riskieren, um nach Europa zu gelangen; Beitrag zur Verringerung des durch spontan eintreffende Personen verursachten Drucks auf die Asylsysteme der Mitgliedstaaten; Teilung der Schutzverantwortung mit Ländern, in die bzw. innerhalb deren eine große Zahl von Personen, die internationalen Schutz benötigen, vertrieben wurde, und Leistung eines Beitrags zur Entlastung dieser Länder; gemeinsamer Beitrag der Union zu den globalen Neuansiedlungsbemühungen" (ebd.: 3).

Der Resettlement-Entwurf soll dabei als Teil des Gemeinsamen Europäischen Asylsystems (GEAS) verstanden werden (vgl. ebd.: 6) und soll die Form einer Verordnung bekommen, wäre damit also keine Richtlinie, sondern ein verbindliches und verpflichtendes Instrument (vgl. ebd.: 8). Grundsätzlich will der Resettlement-Entwurf unter „Resettlement"

„die Aufnahme von Drittstaatsangehörigen und Staatenlosen, die internationalen Schutz benötigen, aus einem Drittstaat, in den bzw. innerhalb dessen sie vertrieben wurden, in das Hoheitsgebiet eines Mitgliedstaats, um ihnen internationalen Schutz zu gewähren" verstanden wissen (vgl. ebd: 35).

Dabei fasst der Resettlement-Entwurf die Schutzbedürftigkeit sehr weit. In Artikel 5 (Zulassungskriterien) wird unter Buchstabe a als Zugangsvoraussetzung zum Resettlement Programm die klassische Flüchtlingsdefinition aufgrund von Verfolgung, ebenso wie die Definition zu subsidiär Schutzberechtigten aufgrund von Befürchtungen im Heimatland ernsthaftem Schaden ausgesetzt zu sein, aufgeführt (vgl. ebd.: 27). Unter Buchstabe b(i) jedoch werden diese, bereits durch die Qualifikationsrichtlinie abgedeckten Personenkategorien, um „schutzbedürftige Personen" ergänzt (vgl. ebd. 27f.). Unter diesem Begriff werden folgende Drittstaatsangehörige und Staatenlose aufgelistet: gefährdete Frauen und Mädchen, gefährdete Kinder und Jugendliche, einschließlich unbegleiteter Kinder, Überlebende von Gewalt und/oder Folter, die unter anderem aufgrund des Geschlechts ausgeübt wurde, Personen, die rechtlichen und/oder physischen Schutz benötigen, Personen mit medizinischen Bedürfnissen oder Behinderungen oder sozioökonomisch benachteiligte Personen (vgl. ebd.). Unter Buchstabe c und d fallen noch weitere Personengruppen. Die aufgeführte Kategorie, die für diese Hausarbeit jedoch von vorrangigem Interesse ist, betrifft jene Drittstaatsangehörige und Staatenlose unter Artikel 5b(i) die sozioökonomisch benachteiligt sind. Gerade vor dem Hintergrund der relativ restriktiven Zugangsmechanismen zum europäischen Asylsystem in der Qualifikationsrichtlinie und der *Temporary Protection Directive* verwundern diese offenen Zugangskriterien. Jedoch müssen sie, ebenso wie die Ausschlusskriterien in Artikel 6 (vgl. ebd. 28f.), als unabhängig voneinander gültig verstanden werden. Dort werden beispielsweise diejenigen Personen wieder ausgeschlossen, die eine Gefahr für die Gemeinschaft, die öffentliche Ordnung, Sicherheit, öffentliche Gesundheit oder internationalen Beziehungen des EU Mitgliedsstaates darstellen, ebenso wie Personen, die sich in den letzten 5 Jahren irregulär in der EU aufgehalten haben oder irregulär in diese eingereist sind, beziehungsweise Personen, denen die Mitgliedstaaten in den fünf Jahren vor der Neuansiedlung die Neuansiedlung gemäß diesem Absatz verweigert haben (vgl. ebd.). Als Prozedur wird in Artikel 10, Nummer 7 vorgegeben, dass, nach einer Entscheidung für eine Neuansiedlung, den Personen als erstes Flüchtlingsschutz oder subsidiärer Schutz mit allen diesbezüglichen Rechten und Pflichten gewährt werden soll, wenn sie dafür qualifiziert sind (vgl. ebd.: 32). Danach soll der Transfer vom Drittland in einen EU Mitgliedsstaat organisiert und durchgeführt werden und in diesem Rahmen auch ein „Orientierungsprogramm" mit Informationsveranstaltungen und Sprachkursen für die ausgewählten Personen angeboten werden (vgl. ebd.).

Das bedeutet zum einen, dass Mayers Überlegung

> "there is no coherent rationale to justify specific international responses to 'climate migration,' as opposed to larger reforms applying general principles such as international solidarity or responsibility" (Mayer 2016: 32)

in der Gestaltung des Entwurfs mitgedacht und inkorporiert wurde, da die Gruppe der Zugangsberechtigten Migrant_innen stark erweitert wurde. Zum anderen bedeutet es, dass aufgrund der verschiedenen aufgelisteten Zugangskriterien unter Artikel 5 Nummer 2, Migration womöglich als multifaktorieller Prozess begriffen wurde. Und schließlich wurden in der Definition von Resettlement nach Artikel 2 auf Seite 35 des Entwurfes auch Personen mit eingeschlossen, die keine internationale Grenze überquert haben (vgl. Europäische Kommission 2016b: 35). Damit wurde auch dem Hinweis Rechnung getragen, dass ein Großteil der klima- und umweltbedingt Vertriebenen innerhalb der eigenen Staatsgrenzen vertrieben sind und in Zukunft sein werden (vgl. Mayer 2016: 34).

Gleichzeitig werfen die Definition von Resettlement auf Seite 35, sowie das Ablaufprozedere auf Seite 32 des Resettlement-Entwurfs wiederum die Frage auf, inwiefern vulnerable Gruppen tatsächlich Zugang zum EU-Resettlement Programm hätten. In Artikel 2 wird definiert, dass Resettlement stattfindet, **um den vertriebenen Personen internationalen Schutz** zu gewähren (vgl. Europäische Kommission 2016b: 35) und auf Seite 32 wird darauf verwiesen, dass unter denjenigen Vertriebenen, die subsidiär schutzberechtigt oder zur Flüchtlingseigenschaft berechtigt sind, diese Eigenschaften auch zugeteilt werden (vgl. ebd.: 32). Allerdings wird für diejenigen Vertriebenen, die sich weder für den einen noch den anderen internationalen Schutzstatus qualifizieren keine Alternative aufgeführt. Insofern stellt sich hierbei die Frage, ob der Resettlement-Entwurf nicht Widersprüche in sich trägt. Denn wenn vertriebene Personen nur mit der Aussicht in die EU aufgenommen werden, **um** ihnen dort internationalen Schutz zu gewähren, dann stellt sich die Frage, wie dieser Schutzstatus für Personen außerhalb des Rahmens der Genfer Konvention und der Qualifikationsrichtlinie aussehen soll. Nach welchen rechtlichen Gesetzesrahmen kann beispielsweise für sozioökonomisch benachteiligte Personen und andere gefährdete Personengruppen innerhalb der EU überhaupt internationaler Schutz erteilt werden? Der Resettlement-Entwurf gibt hierfür keine Definitionen und keinen neuen Schutzrahmen vor, sondern bezieht sich nur auf bestehende Gesetzesrahmen und Begrifflichkeiten.

Aufschluss darüber, wie genau der Resettlement-Entwurf in der Praxis umgesetzt wird, könnte nur die Verabschiedung und das Inkrafttreten der Verordnung geben. Allerdings wird dieser Prozess aktuell vom Europarat verzögert (vgl. Björk 2019: online). Zwischen dem Standpunkt des Europäischen Parlaments und dem des Europarates konnte bis zum 13. Juni 2018 nur eine teilweise Einigung über den Entwurf erreicht werden, sodass der Entwurf an das zuständige Gremium zurückgegeben wurde und aktuell überarbeitet wird (vgl. ebd.).

Insofern ist der Resettlement-Entwurf der EU bisher die aussichtsreichste gesetzliche Grundlage um Menschen, die aufgrund von Klimawandel, Umweltveränderung und –zerstörung vertrieben sind, Schutz zu gewähren. Allerdings können sich hierfür nur Menschen qualifizieren, die bereits innerstaatlich oder international vertrieben wurden, sowie zum Zeitpunkt der Bewerbung in verschiedener Hinsicht gefährdet sind. Daher würden insbesondere Menschen die von sich langsam verändernden Umweltbedingungen betroffen sind, wie beispielsweise Bewohner kleiner Inselstaaten, aufgrund der fehlenden Vertreibung und der gegenwärtig fehlenden Gefährdung ausgeschlossen sein.

4.4 *Blue Card Directive* der EU und deren Reformvorschlag

Eine Art indirekter „Schutzgewährung" von Drittstaatsangehörigen in der EU stellt die legale Arbeitsmigration dar. Bisher wird diese durch die Richtlinie 2009/50/EC geregelt, ein Instrument, das die Vergabe der EU-Arbeitsvisa (*„Blue Cards"*) regelt. Auch zu dieser Richtlinie gibt es einen aktuell debattierten Reformvorschlag (vgl. Moraes 2019: online).

In Bezug auf Menschen, die aufgrund von Umweltveränderung, -zerstörung und Klimawandel die Entscheidung zu migrieren fällen, stellt die *Blue Card Directive* und der Reformvorschlag der *Blue Card Directive* in gewisser Weise eine Ergänzung zum geplanten Resettlement Programm der EU dar. Während beim Resettlement-Entwurf beispielsweise ökonomisch benachteiligte, vertriebene Personen zugangsberechtigt wären, sind es im Rahmen der *Blue Card Directive* und des Reformvorschlags, unabhängig von Vertreibung, vor allem die gut ausgebildeten, arbeitserfahrenen und damit meist ökonomisch stärkeren Personen, denen der legale Zugang in die EU ermöglicht wird. In der aktuell gültigen *Blue Card Direktive*, wird von Bewerbern laut Artikel 2g und 2h noch ein abgeschlossenes Hochschulstudium von mindestens drei Jahren verlangt und praktische Qualifikationen müssen ebenso über ein Hochschuldiplom oder –zertifikat bescheinigt werden (vgl. Europarat 2009: 5). Nur im Ausnahmefällen und wenn dies durch nationale Gesetzgebung möglich ist, regelt Artikel 2g auch, dass praktische Erfahrungen ohne Hochschulzertifikat anerkannt werden können (vgl. ebd.), allerdings nur dann, wenn 5 Jahre Arbeitserfahrung auf akademischem Niveau bescheinigt werden können (vgl. ebd.). Der Reformvorschlag der *Blue Card Directive* unterscheidet in Artikel 2h und 2i nun deutlicher akademische und praktische Qualifikationen, sodass akademische Qualifikationen durch ein Hochschulzertifikat oder etwas Vergleichbares nachgewiesen werden können, während praktische Qualifikationen nach Artikel 2i über mindestens 3 Jahre belegte Arbeitstätigkeit deren Niveau mit einem Hochschulabschluss vergleichbar ist, nachgewiesen werden können (vgl. Europäische Kommission 2016c: 36). Außerdem schließt der Reformvorschlag laut Artikel 2b unter „umfassende Qualifikationen voraussetzende Beschäftigung" nun auch künstlerische oder sportliche Beschäftigungen mit ein (vgl. Europäisches Parlament 2017:104f.).

Während in Artikel 5, Nummer 3 der *Blue Card Directive* von 2009 noch ein Einkommen des mindestens „anderthalbfachen" durchschnittlichen Bruttojahresgehalt des betreffenden EU Mitgliedstaates als Bewerbungsvoraussetzung zur *Blue Card* vorgesehen war (vgl. Europarat 2009: 7), wurde diese Hürde im Reformvorschlag entfernt. Stattdessen wurde sie durch Artikel 5, Nummer 2 und Nummer 3a ersetzt, welche vorsehen, dass der Mitgliedstaat (nun gemeinsam mit den „Sozialpartnern") zwar immer noch ein Mindesteinkommen als Bewerbungsvoraussetzung festlegen *kann*, dieses nicht unter dem regulären Einkommen im jeweiligen Anstellungssektor liegen darf und nicht höher sein soll als das 1,4-fache des durchschnittlichen Bruttojahresgehalts im Mitgliedsland (vgl. Europäisches Parlament 2017: 45f., 105f.). Neben einem potenziellen Mindesteinkommen, muss im Arbeitsvertrag nach Artikel 5, Nummer 1a des Reformvorschlags eine Anstellungsdauer von mindestens 9 Monate festgelegt sein. Außerdem benötigen Antragsteller_innen laut Artikel 5, Nummer 1d des Reformvorschlags nur noch ein gültiges Reisedokument (vgl. ebd.: 44f.) und laut Artikel 5, Nummer 1e den Nachweis, dass sie für Zeiten in denen sie nicht über den Arbeitsvertrag versichert sind, eine Krankenversicherung abgeschlossen oder beantragt haben, die den regulären Krankenversicherungen des EU-Mitgliedsstaates entspricht (vgl. Europäische Kommission 2016c: 39). Diese Bedingung kann unter bestimmten Voraussetzungen laut Artikel 12, Nummer 1 & Nummer 2 des Reformvorschlags aber auch entfallen (vgl. Europäisches Parlament 2017: 69f.). Bis auf die Ausbildungs- oder Arbeitsnachweise und einen bestehenden Arbeitsvertrag als hochqualifizierte Person benötigen Bewerber_innen also nur wenige weitere Nachweise. Darüber hinaus und im Gegensatz zum längeren Prozedere bei der Bewerbung für das Resettlement Programm, sind die Bearbeitungsfristen im Reformvorschlag der *Blue Card Directive* im Vergleich zur aktuell gültigen *Blue Card Directive* stark verkürzt worden. So sollen von der vollständigen Bewerbung bis zur Entscheidung laut Artikel 10, Nummer 1 des Reformvorschlags nur maximal 30 Tage vergehen, unter besonderen Umständen auch nur 15 Tage (vgl. ebd.: 64f.). Außerdem erleichtert der Reformvorschlag der *Blue Card Directive* die Möglichkeit einer Umwandlung der *Blue Card* in eine langfristige Aufenthaltsberechtigung. Während in der aktuellen *Blue Card Direktive* die Voraussetzung für den Antrag auf langfristige Aufenthaltsberechtigung nach Artikel 16, Nummer 2a noch bei fünf Jahren lag (vgl. Europäische Kommission 2009: 10), kann laut Artikel 17, Nummer 2 des Reformvorschlags der *Blue Card Directive* im Falle des dauerhaften Aufenthaltes in einem Mitgliedsland bereits nach drei Jahren eine langfristige Aufenthaltsberechtigung beantragt werden (vgl. Europäische Kommission 2016c: 49). Schließlich enthält der *Blue Card* Reformvorschlag neben weiteren Besserstellungen auch eine Erleichterung der Familienzusammenführung. In der *Blue Card Directive* von 2009 heißt es in Artikel 15, Nummer 4, dass nach dem Antrag auf Zusammenführung bis zu 6 Monate zur Genehmigung vergehen dürfen (vgl. Europäische Kommission 2009: 10). Im *Blue Card* Reformvorschlag wird dagegen nach Artikel 16, Nummer 4 bestimmt, dass die *Blue Card* und die Aufenthaltsberechtigung für die Familie, wenn möglich, zeitgleich erteilt werden sollen, beziehungsweise bei späterer Antragstellung maximal innerhalb von 30 Tagen (vgl. Europäisches Parlament 2017: 74f.). Außerdem sollen Familienmitglieder laut Artikel 15, Nummer 6 des Reformentwurfes im EU Mitgliedsstaat umgehend selbstständige und nicht-selbstständige Arbeit aufnehmen dürfen (vgl. Europäische Kommission 2016c; Europäisches Parlament 2017: 75).

Zusammengefasst heißt das, dass der Zugang nach Europa und in den europäischen Arbeitsmarkt für qualifizierte Arbeitskräfte und deren Familien durch den Reformvorschlag im Vergleich zur gültigen *Blue Card Directive* durch den möglichen Wegfall der hohen Mindesteinkommensgrenze erleichtert und vereinfacht werden könnte. Zusätzlich würden Bearbeitungsfristen erheblich verkürzt werden und der Zugang zu einer langfristigen Aufenthaltsberechtigung für *Blue Card* Besitzer und deren Familien würde erleichtert werden. Grundsätzlich ist dieses EU Instrument allerdings nicht als Schutzmechanismus für Vertriebene oder Geflüchtete ausgelegt. Nichtsdestotrotz würde der Reformvorschlag der *Blue Card Directive* auch für diese Gruppe von Menschen Perspektiven und Sicherheit schaffen. Insbesondere für Menschen, die von langsam voranschreitenden Umweltveränderungen betroffen sind, wie die Bewohner „sinkender" Inselstaaten die aus Mangel an akuter Vulnerabilität nicht für das geplante Resettlement Programm der EU in Frage kämen.

Insofern sind die *Blue Card Directive* und deren Reformvorschlag zwar nicht genuin als Schutzmechanismus zu betrachten, können in ihrer Wirkung aber dauerhaften Schutz für bestimmte von Umweltveränderung, -zerstörung und Klimawandel betroffene Gruppen bieten. Außerdem verweist der geplante Abbau von Zugangshürden zum Programm darauf, dass veränderten Migrationsbedarfen möglicherweise Rechnung getragen wurde. Leider wird dieser Reformvorschlag aktuell auch vom Europarat blockiert, sodass die die Erleichterung der Zugangsvoraussetzungen zur *Blue Card* noch etwas auf sich warten lassen dürften (vgl. Moraes 2019: online).

5. Fazit und Ausblick

Nach der Analyse der verschiedenen EU Reformbestrebungen zu Richtlinien und Verordnungen, die direkt oder indirekt der Schutzgewährung von Drittstaatlern und Staatenlosen dienen können, werde ich nun die Ergebnisse auf die Forschungsfrage beziehen, um diese zu beantworten.

Die Fragestellung, die in der Einleitung als roter Faden für die Hausarbeit ausgegeben wurde lautete: Existieren in den aktuellen EU Richtlinien zu Migration Möglichkeiten der Schutzgewährung für die Gruppe der klima- und umweltbedingten Vertriebenen und wie wird in den Reformdebatten und Evaluationen zu diesen Richtlinien die Auswirkungen des Klimawandels auf Migrationsbewegungen aufgenommen und diskutiert?

Weder in der Qualifikationsrichtlinie, die festlegt, wer unter welchen Umständen in der EU als Schutzberechtigter gelten soll, noch im diesbezüglichen Reformvorschlag sowie in der *Temporary Protection Directive*, die bei einer massenhaften Migrationsbewegung schnell Schutz für Gruppen von Menschen gewähren soll, wurde der Klimawandel oder die Umwelt erwähnt. Auch im Entwurf zu einem EU Resettlement Programm sowie in der aktuellen Fassung und dem Reformvorschlag zur legalen Arbeitsmigration in die EU über sogenannte *Blue Cards* fanden die beiden Begriffe Klimawandel und Umwelt keine Beachtung.

In der Qualifikationsrichtlinie und der *Temporary Protection Directive* werden Menschen, die aufgrund von Umweltveränderung, -zerstörung und Klimawandel die Entscheidung treffen zu migrieren, sogar dezidiert ausgeschlossen (vgl. Europarat 2001b: 4; Europarat 2002: 7). Im Resettlement-Entwurf werden demgegenüber zahlreiche Menschen mit unterschiedlichen Migrationsgründen eingeschlossen, darunter auch sozioökonomisch benachteiligte Binnenvertriebene, eine Kategorie, die auch in Migrationsbewegungen im Kontext von Umweltveränderung, -zerstörung und Klimawandel anzutreffen ist (vgl. bspw. Laczko 2014:10f.). Auch bei der *Blue Card Directive* und dem entsprechenden Reformvorschlag werden zwar keine gesonderten Bedingungen für Menschen aus schwierigen Umweltverhältnissen aufgeführt, diese werden aber auch nicht ausgeschlossen, sodass insbesondere durch den Reformentwurf, der einige Zugangshürden abzubauen versucht, mehr Menschen einen etwas erleichterteren Zugang zu europäischen Aufenthalts- und Arbeitsberechtigungen und damit auch indirekt zu physischer und ökonomischer Sicherheit in Europa erhalten dürften.

Daher lässt sich die Forschungsfrage insofern beantworten, als dass die Auswirkungen des Klimawandels auf Migrationsbewegungen in den Richtlinien und Reformvorschlägen der EU zu Migration bis auf den Resettlement-Entwurf nicht aufgenommen und nicht mitgedacht wurden. Nur im Resettlement-Entwurf lässt sich, unter Anderem über die sozioökonomische Benachteiligung als Zugangskriterium zum Programm, ein indirekter Zusammenhang zu den Auswirkungen des Klimawandels auf Migrationsbewegungen herstellen. Außerdem konnte gezeigt werden, dass, auch wenn klima- und umweltbedingte Migration, beziehungsweise die Auswirkungen des Klimawandels auf Migrationsmuster nicht explizit erwähnt werden, insbesondere der Resettlement-Entwurf und die *Blue Card Directive* sowie ihr Reformvorschlag, auch für vom Klimawandel betroffene Migrant_innen, Möglichkeiten eröffnen Zuflucht in Europa zu suchen und sich dort langfristig niederzulassen. Beide Vorschläge wurden bisher allerdings vom Europarat blockiert, beziehungsweise zurückgewiesen. Ein vorläufiges EU Resettlement Programm existiert noch nicht und die aktuell gültige Fassung der *Blue Card Directive* ist noch relativ restriktiv. Zusätzlich schließen die aktuell gültigen Richtlinien zu Asyl und Schutz die von Umweltkatastrophen und Klimawandel betroffene Personengruppe zum Teil bewusst aus. Daher bleibt abzuwarten, ob sich die europäischen Institutionen schließlich auf eher liberale oder restriktive Reformentwürfe einigen werden.

Aus Platzgründen konnte in dieser Arbeit nicht untersucht werden, welche konkreten Aspekte der Reformvorschläge der Europarat abgelehnt hat und welche politischen Strömungen sich hierbei durchgesetzt haben. Um jedoch Aussagen darüber treffen zu können, welche Entwicklung die Debatte um die Reformvorschläge nehmen wird, wäre eine Untersuchung dieser Aspekte sinnvoll und gewinnbringend. Ebenso wäre es interessant zu überprüfen, ob ähnliche Resettlement-Programme und Programme zur Arbeitsmigration in anderen Ländern funktionieren und inwiefern Menschen, die aufgrund von klimabedingter Umweltveränderung oder Naturkatastrophen migrieren, bereits den Zugang zu diesen Programmen suchen und nutzen. Schließlich müssten für eine umfassende Analyse auch die nationalen Gesetzgebungen mit einbezogen werden, die direkt oder indirekt Schutz für Personen gewähren, die aufgrund von Umwelteinflüssen und Naturkatastrophen Zuflucht suchen.

Abschließend lässt sich sagen, dass trotz der zahlreichen Publikationen zu Klimawandel und Migration insbesondere mit dem Fokus auf aktuelle politische Bestrebungen und Haltungen innerhalb der EU noch weiterer Forschungsbedarf besteht.

6. Literaturverzeichnis

Afifi, Tamer; Jäger, Jill (Hrsg.) (2010): Environment, Forced Migration and Social Vulnerability. Wiesbaden: Springer VS.

Bates, Diane C. (2002): Environmental Refugees? Classifying Human Migrations Caused by Environmental Change. In: Population and Environment, Bd. 23, Nr. 5, S. 465-477.

Bedarff, Hildegard; Jakobeit, Cord (2017): Climate Change, Migration, and Displacement. The Underestimated Disaster. A study commissioned by Greenpeace Germany. Hamburg: Greenpeace e.V..

Beirens, Hanne; Maas, Scheila; Petronella, Salvatore; van der Velden, Maurice (2016a): Study on the Temporary Protection Directive: Executive Summary. Luxembourg: European Union (2016).

Beirens, Hanne; Maas, Scheila; Petronella, Salvatore; van der Velden, Maurice (2016b): Study on the Temporary Protection Directive: Final report. Luxembourg: European Union (2016).

Bettini, Giovanni (2013): Climate Barbarians at the Gate? A critique of apocalyptic narratives on 'climate refugees'. In: Geoforum, Bd. 45, Nr. 1, S. 63-72.

Biermann, Frank; Boas, Ingrid (2010): Preparing for a Warmer World. Towards a Global Governance System to Protect Climate Refugees. In: Global Environmental Politics, Bd. 10, Nr. 1, S. 60-88.

Boas, Ingrid (2015): Climate Migration and Security. New York: Routledge.

Bogardi, Janos J.; Renaud, Fabrice; Dun, Olivia; Warner, Koko (2007): Control, Adapt or Flee. How to Face Environmental Migration? 'Interdisciplinary Security Connections' Publication Series of UNU-EHS, No. 5/2007. Bonn: UNU-EHS.

Docherty, Bonnie; Giannini, Tyler (2009): Confronting a rising tide. A proposal for a convention on climate change refugees. In: Harvard Environmental Law Review, Bd. 33, Nr. 2, S. 349-404.

Dudenredaktion (Hrsg.) (2017): Duden. Die deutsche Rechtschreibung. 27., völlig neu bearbeitete und erweiterte Auflage. Herausgegeben von der Dudenredaktion. Auf der Grundlage der aktuellen amtlichen Rechtschreibregeln. Berlin: Bibliographisches Institut GmbH/Dudenverlag.

Duong, Tiffany T. V. (2010): When Islands Drown. The Plight of "Climate Change Refugees" and Recourse to International Human Rights Law. In: University of Pennsylvania Journal of International Law, Bd. 31, Nr. 4, S. 1239-1266.

El-Hinnawi, Essam (1985): Environmental Refugees. New York: UNEP.

Faist, Thomas; Schade, Jeanette (2013): Disentangling Migration and Climate Change. Methodologies, Political Discourses and Human Rights. Dordrecht: Springer.

Hugo, Graeme (Hrsg.) (2013): Migration and Climate Change. Cheltenham: Edward Elgar Publishing Limited.

Jakobeit, Cord; Methmann, Chris (2012): 'Climate Refugees' as Dawning Catastrophe? A Critique of the Dominant Quest for Numbers. In: Scheffran, Jürgen et al. (Hrsg.): Climate Change, Human Security and Violent Conflict. Challenges of Societal Stability. Berlin, Heidelberg: Springer, S. 301-314.

Kolmannskog, Vikram; Myrstad, Finn (2009): Environmental Displacement in European Asylum Law. In: European Journal of Migration and Law, Bd. 11, Nr. 4, S. 313-326.

Kolmannskog, Vikram; Trebbi, Lisetta (2010): Climate change, natural disasters and displacement. A multi-track approach to filling the protection gaps. In: International Review of the Red Cross, Bd. 92, Nr. 879, S. 713-730.

Laczko, Frank; Piguet, Etienne (2014): Regional Perspectives on Migration, the Environment and Climate Change. In: Laczko, Frank; Piguet, Etienne (Hrsg.): People on the Move in a Changing Climate. In: Global Migration Issues, Bd. 2, S. 1-20.

Mayer, Benoît (2016): The Concept of Climate Migration. Advocacy and its Prospects. Cheltenham, Northampton: Edward Elgar Publishing Limited.

Mayrhofer, Monika; Ammer, Margit (2014): People Moving in the Context of Environmental Change. The Cautious Approach of the European Union. In: European Journal of Migration and Law, Bd. 16, Nr. 3, S. 389-429.

McAdam, Jane (2007): Complementary Protection in International Refugee Law. Oxford, New York: Oxford University Press.

Mcadam, Jane (2011): Swimming against the Tide. Why a Climate Change Displacement Treaty is Not the Answer. In: International Journal of Refugee Law, Bd. 23, Nr. 1, S. 2–27.

McAdam, Jane (2012): Climate Change, Forced Migration, and International Law. New York: Oxford University Press.

McAdam, Jane (2016): Climate Change-Related Displacement of Persons. In: Carlane, Cinnamon P.; Gray, Kevin R.; Tarasofsky, Richard (Hrsg.): Oxford Handbook of International Climate Change Law. Oxford: Oxford University Press, S. 519–542.

Methmann, Chris; Oels, Angela (2015): From 'fearing' to 'empowering' climate refugees. Governing climate-induced migration in the name of resilience. In: Security Dialogue, Bd. 46, Nr. 1, S. 51–68.
Morrissey, James (2014): Environmental Change and Human Migration in Sub-Saharan Africa. In: Laczko, Frank; Piguet, Etienne (Hrsg.): People on the Move in a Changing Climate. In: Global Migration Issues, Bd. 2, S. 81-109.

Pachauri, Rajendra K.; Meyer, Leo A.; The Core Writing Team (2014): Climate Change 2014. Synthesis Report. Contribution of Working Groups I, II and III to the Fifth Assessment Report of the Intergovernmental Panel on Climate Change. Geneva: Intergovernmental Panel on Climate Change.
Piguet, Etienne (2013): From "primitive migration" to "climate refugees". The curious fate of the natural environment in migration studies. In: Annals of the Association of American Geographers, Bd. 103, Nr. 1, S. 148–162.

Piguet, Etienne; Pécoud, Antoine; de Guchteneire, Paul (2011): Migration and Climate Change. An Overview. In: Refugee Survey Quarterly, Bd. 30, Nr. 3, S. 1–23.

The Nansen Initiative (2015): Agenda for the Protection of Cross-Border Displaced Persons in the Context of Disasters and Climate Change: Volume I. Genf: The Nansen Initiative.

United Nations General Assembly (2019): Resolution adopted by the General Assembly on 19 December 2018 [without reference to a Main Committee (A/73/L.66)]. Global Compact for Safe, Orderly and Regular Migration. (A/RES/73/195), New York: United Nations.

Vestita, Rachele (2017): Environmentally Displaced Persons in Europe. Limits of the Legal Protection of this Controversial Category of Migrants. In: Kent Student Law Review, Bd. 3., o. S..

Warner, Koko; Hamza, Mohamed; Oliver-Smith, Anthony; Renaud, Fabrice G.; Julca, Alex (2010): Climate change, environmental degradation and migration. In: Natural Hazards, Bd. 55, Nr. 3, S. 689–715.

Zetter, Roger (2017): Why They Are Not Refugees. Climate Change, Environmental Degradation and Population Displacement. In: Siirtolaisuus-Migration, Bd. 44, Nr. 1, S. 23-28.

Zetter, Roger; Boano, Camillo; Morris, Tim (2008): Forced Migration Policy Briefing 1. Environmentally displaced people: understanding the linkages between environmental change, livelihoods and forced migration. Oxford: Refugee Studies Centre.

7. Verzeichnis der Onlinequellen:

Apap, Joanna (2019): The concept of 'climate refugee'. Towards a possible definition. In: Think Tank Database by the European Parliament, URL: http://www.europarl.europa.eu/RegData/etudes/BRIE/2018/621893/EPRS_BRI(2018)621893_EN.pdf (abgerufen am 08.05.2019).

Björk, Malin (2019): Legislative Train Schedule. Towards a new Policy on Migration. JD – EU Resettlement Framework. In: Legislative Train Schedule - online platform by the European Parliament, URL: http://www.europarl.europa.eu/legislative-train/theme-towards-a-new-policy-on-migration/file-jd-eu-resettlement-framework (abgerufen am 08.05.2019).

Dudenredaktion (o.J): Duden Onlinewörterbuch. In: Duden.de, URL: https://www.duden.de/rechtschreibung/Akteur (abgerufen am 08.05.2019).

Europäische Kommission (2013): Commission Staff Working Document. Climate Change, Environmental Degradation, and Migration. Accompanying the document: Communication from the Commission to the European Parliament, the Council, the European Economic and Social Committee and the Committee of the Regions. An EU Strategy on Adaptation to Climate Change. 16. April 2013, SWD(2013)138 final. In: EUR-Lex, legislative documents and law database by the European Union, URL: https://eur-lex.europa.eu/legal-content/EN/TXT/PDF/?uri=CELEX:52013SC0138&from=DE (abgerufen am 08.05.2019).

Europäische Kommission (2015): Mitteilung der Kommission an das Europäische Parlament, den Rat, den Europäischen Wirtschafts- und Sozialausschuss und den Ausschuss der Regionen. Die Europäische Migrationsagenda. 13. Mai 2015, COM(2015) 240 final. In: Register of Commission Documents by the European Commission, URL: http://ec.europa.eu/transparency/regdoc/rep/1/2015/DE/1-2015-240-DE-F1-1.PDF (abgerufen am 08.05.2019).

Europäische Kommission (2016a): Vorschlag für eine Verordnung des Europäischen Parlaments und des Rates über Normen für die Anerkennung von Drittstaatsangehörigen oder Staatenlosen als Personen mit Anspruch auf internationalen Schutz, für einen einheitlichen Status für Flüchtlinge oder für Personen mit Anspruch auf subsidiären Schutz und für den Inhalt des zu gewährenden Schutzes sowie zur Änderung der Richtlinie 2003/109/EG des Rates vom 25. November 2003 betreffend die Rechtstellung der langfristig aufenthaltsberechtigten Drittstaatsangehörigen. 13. Juli 2016, COM(2016 466 final - 2016/0223 (COD). In: EUR-Lex, legislative documents and law database by the European Union, URL: https://eur-lex.europa.eu/resource.html?uri=cellar:6d976705-4a95-11e6-9c64-01aa75ed71a1.0017.01/DOC_1&format=DOC (abgerufen am 08.05.2019).

Europäische Kommission (2016b): Vorschlag für eine Verordnung des Europäischen Parlaments und des Rates zur Schaffung eines Neuansiedlungsrahmens der Union und zur Änderung der Verordnung (EU) Nr. 516/2014 des Europäischen Parlaments und des Rates. 13. Juli 2016, COM(2016) 468 final - 2016/0225 (COD). In: EUR-Lex, legislative documents and law database by the European Union, URL: https://eur-lex.europa.eu/legal-content/DE/TXT/PDF/?uri=CELEX:52016PC0468&from=EN (abgerufen am 08.05.2019).

Europäische Kommission (2016c): Vorschlag für eine Richtlinie des Europäischen Parlaments und des Rates über die Bedingungen für die Einreise und den Aufenthalt von Drittstaatsangehörigen zur Ausübung einer umfassende Qualifikationen voraussetzenden Beschäftigung {SWD(2016) 193 final} {SWD(2016) 194 final}. 7. Juni 2016, COM(2016) 378 final - 2016/0176 (COD). In: EUR-Lex, legislative documents and law database by the European Union, URL: https://ec.europa.eu/transparency/regdoc/rep/1/2016/EN/1-2016-378-EN-F1-1.PDF (abgerufen am 08.05.2019).

Europäisches Parlament (2017): ***I Bericht über den Vorschlag für eine Richtlinie des Europäischen Parlaments und des Rates über die Bedingungen für die Einreise und den Aufenthalt von Drittstaatsangehörigen zur Ausübung einer umfassende Qualifikationen voraussetzenden Beschäftigung. 28. Juni 2017, (COM(2016)0378 - 2016/0176(COD). In: Homepage of the European Parliament, URL: http://www.europarl.europa.eu/doceo/document/A-8-2017-0240_DE.pdf (abgerufen am 08.05.2019).

Europäisches Parlament und Europarat (2011): Richtlinie 2011/95/EU des Europäischen Parlaments und des Rates vom 13. Dezember 2011 über Normen für die Anerkennung von Drittstaatsangehörigen oder Staatenlosen als Personen mit Anspruch auf internationalen Schutz, für einen einheitlichen Status für Flüchtlinge oder für Personen mit Anrecht auf subsidiären Schutz und für den Inhalt des zu gewährenden Schutzes (Neufassung). 13. Dezember 2011, 2011/95/EU. In: EUR-Lex, legislative documents and law database by the European Union, URL: https://eur-lex.europa.eu/legal-content/DE/TXT/PDF/?uri=CELEX:32011L0095&qid=1556875616895&from=EN (abgerufen am 08.05.2019).

Europarat (2001a): Richtlinie 2001/55/EG des Rates vom 20. Juli 2001 über Mindestnormen für die Gewährung vorübergehenden Schutzes im Falle eines Massenzustroms von Vertriebenen und Maßnahmen zur Förderung einer ausgewogenen Verteilung der Belastungen, die mit der Aufnahme dieser Personen und den Folgen dieser Aufnahme verbunden sind, auf die Mitgliedstaaten. 20. Juli 2001, 2001/55/EG. In: EUR-Lex, legislative documents and law database by the European Union, URL: https://eur-lex.europa.eu/legal-content/DE/TXT/PDF/?uri=CELEX:32001L0055&from=EN (abgerufen am 08.05.2019).

Europarat (2001b): Outcome of proceedings. 16. Februar 2001, 2000/0127 (CNS). 6128/01. LIMITE In: Public register of Council documents by the European Council, URL: http://register.consilium.europa.eu/doc/srv?l=EN&f=ST%206128%202001%20INIT (abgerufen am 08.05.2019).

Europarat (2002): Presidency Note to Strategic Committee on Immigration, Frontiers and Asylum. Proposal for a Council Directive on minimum standards for the qualification and status of third country nationals and stateless persons as refugees or as persons who otherwise need international protection. 20. September 2002, 2001/0207 (CNS). 12148/02. LIMITE. In: Public register of Council documents by the European Council, URL: http://data.consilium.europa.eu/doc/document/ST-12148-2002-INIT/en/pdf (abgerufen am 08.05.2019).

Europarat (2004): Richtlinie 2004/83/EG des Rates vom 29. April 2004 über Mindestnormen für die Anerkennung und den Status von Drittstaatsangehörigen oder Staatenlosen als Flüchtlinge oder als Personen, die anderweitig internationalen Schutz benötigen, und über den Inhalt des zu gewährenden Schutzes. 29. April 2004, 2004/83/EG. In: EUR-Lex, legislative documents and law database by the European Union, URL: https://eur-lex.europa.eu/legal-content/DE/TXT/PDF/?uri=CELEX:32004L0083&from=DE (abgerufen am 08.05.2019).

Europarat (2009): Richtlinie 2009/50/EG des Rates vom 25. Mai 2009 über die Bedingungen für die Einreise und den Aufenthalt von Drittstaatsangehörigen zur Ausübung einer hochqualifizierten Beschäftigung. 25. Mai 2009, 2009/50/EG. In: EUR-Lex, legislative documents and law database by the European Union, URL: https://eur-lex.europa.eu/legal-content/DE/TXT/PDF/?uri=CELEX:32009L0050&from=EN (abgerufen am 08.05.2019).

International Organization for Migration (IOM) (2018): IOMS's Engagement in Migration Environment and Climate Change. Migration, Environment and Climate Change: Our Vision. In: iom.int, URL: https://publications.iom.int/system/files/pdf/mecc_infosheet_2018.pdf (abgerufen am 08.05.2019).

Juncker, Jean-Claude (2015): State of the Union 2015: Time for Honesty, Unity and Solidarity. Strasbourg, 9 September 2015. In: Press Release Database by the European Commission, URL: http://europa.eu/rapid/press-release_SPEECH-15-5614_en.htm (abgerufen am 08.05.2019).

Ministry of the Interior, Finland (2010): Aliens Act (301/2004, amendments up to 1152/2010 included). Unofficial translation, legally binding only in Finnish and Swedish. In: finlex.fi (online database of legislative and judicial information of Finland), URL: http://www.finlex.fi/en/laki/kaannokset/2004/en20040301_20101152.pdf (abgerufen am 08.05.2019).

Moraes, Claude (2019): Legislative Train Schedule. Towards a New Policy on Migration. JD – Revision of the Blue Card Directive. In: Legislative Train Schedule - online platform by the European Parliament, URL: http://www.europarl.europa.eu/legislative-train/theme-towards-a-new-policy-on-migration/file-jd-revision-of-the-blue-card-directive (abgerufen am 08.05.2019).

Vorsamer, Barbara (2019): Hört den Schülern endlich zu! In: Sueddeutsche.de, URL: https://www.sueddeutsche.de/bildung/klimaschutz-streik-greta-thunberg-schule-1.4350325 (abgerufen am 08.05.2019).